물푸레나무 찻잔

고려대학교 평생교육원 시창작과정
2019년 2학기 앤솔로지 14집

물푸레나무 찻잔

전하라 외

문학공원

▌책을 펴내며

마음의 바이러스를 퇴치하는 시

올해는 고려대 평생교육원 시창작과정에서 강의한 지
만 10년이 되는 해다
그동안 정말 많은 분들이 등단했고 상을 탔으며
좋은 시를 쓸 수 있는 역량을 길렀고 좋은 시집을 내셨다
돌아보면 내 인생의 황금기를 바친 셈이다
함께 공부한 분들이 각 지역사회나 단체에서 회장을 맡거나
중추적 역할을 하는 것을 볼 때 마음 뿌듯하다
엊그제 올겨울 처음으로 서설이 내렸다
온 세상이 하얗다
코로나바이러스로 인해 세계가 어려움에 처해 있다
이번 눈으로 코로나바이러스가 모두 땅에 떨어져
소멸되었으면 하는 소망이 간절하다
마음의 바이러스를 퇴치하는 데는 시(詩)만한 것이 없다
내 강의를 듣고 마음의 바이러스를 퇴치해
밝고 행복한 세상을 사셨으면 좋겠다
또 한 권의 앤솔로지를 엮는다
참여해주신 분들께 감사드린다

2019년 2월 19일

김순진 배상

차례

초대시

역대 앤솔로지 제목 작품

참여작가

초대시

지도강사

김순진 시인

초대시 ▮ 김순진

코찡찡이 할머니의 눈물 외 4편

김순진

광복절 저녁 텔레비전을 보며 찐 감자를 먹는데
감자가 눈물을 흘린다
방송에서는 문 대통령의 담화에 일본 측 계산이 혼미하다

셋째댁 할머니를 우리는 코찡찡이 할머니라 불렀다
코가 뭉개진 듯 거의 없어
비 오면 빗물이 들어갈 듯한 할머니
할머니는 외로운 날이면 담배를 피우시고
가끔 감춰두었던 됫병 소주를 따라 마시기도 했다
말이 어눌해서 우리랑 놀아줄 줄도 몰랐다
동네 애들이 코찡찡이 코찡찡이라 놀리면
주먹을 얼러 메고 눈을 흘기다가 혼자 삭이고 말던 할머니

그렇지만 여름이면 할아버지에게 풀 먹인 하얀 모시 적삼을 입히고
겨울이면 회색 누비두루마기의 하얀 동정을 달아 입히며
풍채 좋으신 시골 양반 선비로 입히셨던 할머니
평생 애를 못 낳고 사시다 시설에서 돌아가신 할머니

훗날 들으니 할머니는 가정교육을 잘 받은 일본 관리의 딸인데
히로시마 나가사키 원폭에 패망한 왜놈들이
못생겼다고 버리고 갔다고 했다

그런 일본 여자를 타고난 선비였던 셋째댁 할아버지가 불쌍히 거두셨던 것이다
가만히 보니 어릴 적 뵙던 코찡찡이 할머니께서 울고 계신다

초대시 ▮ 김순진

비와 참새의 퇴고법

새벽 두 시, 창밖에는 소낙비가 쏟아지고 있다
소낙비는 이 늦은 시간에 서재에 들러
그간의 가뭄을 퇴고하고 있는 중이다
더딘 초록을 퇴고하고 있는 중이다
풀꽃의 부진을 퇴고하고 있는 중이다
강물의 수위를 퇴고하고 있는 중이다
황사의 오류를 퇴고하고 있는 중이다
미세먼지의 부당함을 퇴고하고 있는 중이다
밤의 적막을 퇴고하고 있는 중이다
차량의 질주를 퇴고하고 있는 중이다
도둑의 위험성을 퇴고하고 있는 중이다

참새가 나무에 앉을 때 그냥 앉지 않는다
나무가 여기 있으니 비행기는 이쪽으로 비행하지 말아주세요
연이 걸릴 수 있으니 날리지 말아주세요
추돌할 수 있으니 자동차는 이쪽으로 운행하지 말아주세요
짹짹짹, 퇴고의 밑줄을 긋지만 우리는
겨우 참새가 하는 말이니, 무시한다

겨울이 오고 있으니 준비하라는 말
사랑이 떠나려 하니 정성을 다하라는 말
당신이 날로 포악해지고 있느니 뒤돌아보라는 말
잠시 그늘에서 쉬며 자신을 돌아보라는 말인데
우리는 참새의 퇴고를 무시한 채 오류를 범하고 있다

초대시 ▮ 김순진

싫어 좋아

그깟 벚꽃 싫어 그깟 벚꽃 싫어 사나흘이면 떨어지고 마는 그깟 벚꽃 싫어
제비꽃이 좋아 제비꽃이 좋아 두고두고 추억을 이어주는 제비꽃이 좋아
아니야 벚꽃이 좋아 아니야 벚꽃이 좋아 온 세상을 환하게 밝혀주는 벚이 좋아
제비꽃이 싫어 제비꽃이 싫어 꽃반지 끼워주고 떠나간 그녀가 싫어

그깟 철쭉 싫어 그깟 철쭉 싫어 먹지도 못하게 독을 품은 그깟 개꽃 싫어
진달래가 좋아 진달래가 좋아 그녀의 양볼처럼 부끄러운 참꽃이 좋아
아니야 철쭉이 좋아 아니야 철쭉이 좋아 허름한 나에게 화사하게 웃어주는 그녀가 좋아
진달래가 싫어 진달래가 싫어 아무리 기다려도 마음주지 않는 그녀가 싫어

그깟 라일락 싫어 그깟 라일락 싫어 향기만 무성하니 요란하게 치장한 여자는 싫어

아카시아 좋아 아카시아 좋아 순백 드레스 5월의 신부 아카시아 좋아

아니야 라일락이 좋아 아니야 라일락이 좋아 멀리서도 전파를 보내는 그녀가 좋아

아카시아 싫어 아카시아 싫어 웃음 뒤로 가시를 숨긴 그런 여자 싫어

그깟 장미 싫어 그깟 장미 싫어 루즈만 칠한다고 여자더냐 가시 돋친 여자 싫어

코스모스 좋아 코스모스 좋아 목 빼고 날 기다리는 코스모스 좋아

아니야 장미가 좋아 아니야 장미가 좋아 피눈물 흘리며 기다려준 그녀가 좋아

코스모스 싫어 코스모스 싫어 손 흔들며 멀어져가는 그여자 싫어

그녀가 싫어 그녀가 싫어 기다려 달라 해놓고 아무리 기다려도 마음 주지 않는 그녀가 싫어

그녀가 싫어 그녀가 싫어 꽃반지 끼워주고 떠나간 그녀가 싫어

그래도 그녀가 좋아 그래도 그녀가 좋아 가슴을 아프게 하고 떠나갔지만 그래도 그녀가 좋아

그녀가 좋아 그녀가 좋아 아직도 내 가슴에 살고 있는 그녀가 좋아

초대시 ▮ 김순진

황하문명

황하강 유역 내촌에는 여러 부족이 살았다
황희 대제의 혈통을 이어받은 장수황제의 선정에
부족들은 모두 복종하였고 나라가 부흥하기 시작하였다
의용황제는 딸 셋에 아들 하나를 두었으니
아들은 또다시 아들 셋에 딸 둘을 두어
황제의 대를 잇고 부흥했으며
한 딸은 딸과 아들을 두고 근처에 살며
나라의 안위를 담당했고
한 딸은 서북쪽으로 내려가
아들 하나와 딸 일곱을 두어 蔡나라를 건국했고
한 딸은 동북쪽으로 내려가
아들 넷에 딸 하나를 두어 金나라를 건국했다
각기 용나라 희나라 상나라 순나라 인나라 무나라
정나라 앙나라 숙나라 두나라 등으로 무한히 번성하니
서로 침략커나 넘보지 아니하였고
서로 나누고 베푸는 등 교역이 활발했으며
문명을 이루어 태평성대를 이루었다
이에 세상 사람들은 이를 황하문명이라 부르더라
일 년에 한 번씩 제후들이 모여 각 나라를 돌아가며

연을 베풀 것을 동맹하니 백성들은 좋아하고
창연 옥연 복연 세 옥황황제들 보기가 좋았더라

이에 보연 황제는
이제 너희들이 제후가 되었도다
어느 나라든 군사를 일으키지 말며
서로 금전을 거래하지 말며
서로를 꽃 본 듯 기뻐 왕래하라 하였으니
그때가 옥연황제가 옥황상제에 등극한
502014만년 4월 28일의 일이었더라
이후 제후들은 해마다
창연 옥연 복연 세 옥황상제를 우러러
그들의 선정을 마음으로 기리며 제를 올리더라

창연 옥연 복연 세 옥황상제는 하늘나라에서 각기
건강 재물 행운을 담당하였는데
백성들이 필요한 것이 무엇인지 미리 아시고
바라는 대로 베풀더라
이에 황하강 유역은 자손만대 번창하여 세계 문명의 주축이 되더라

* 의용은 외할아버지, 창연은 큰 이모, 옥연은 둘째 이모, 복연은 어머니, 보연은 외삼촌의 함자

초대시 ▮ **김순진**

첼로 오중주

1.
소나무들이 바람을 고르고 있다
바위들이 바람을 따라 나선다
바람이 바위에게 손을 내민다
멀리 흰 구름 몇 조각 유유하다
손가락 사이로 드난하는 바람이 첼로를 키우듯
끊이지 않는 물소리가 계곡을 키운다
웅장한 소리산 밑으로 지나는 기러기 행렬은
진한 보드카향이 운항법
설설 끓던 이마를 만져주던 어머니의 손길
한 소년, 꿈의 기지개를 펴고 있다

2.
양은솥에 옥수수가 삶아지고 있다
옥수수 옥수수 옥수수알들이
더욱 반지르르한 윤기로 종알거린다
별이 쏟아지던 여름 멍석 위에
벌레를 피한 무용담이 짜르르하다
고추잠자리를 재워주던 옥수수꽃의 설렘
빽빽한 옥수수 숲 사이로

업은 아이 깰까 햇빛 몇 올 살금살금 기어든다
얘, 아궁이불 그만 걷어 넣어라
솥뚜껑을 밀자 참았던 별들의 말씀이 반짝인다

3.
숙제를 안 해간 날은
준비물을 안 해간 날보다 당당하다
준비물은 엄마의 몫 숙제는 내 몫
나는 손바닥을 내밀고 대나무자로 매를 맞는다
아, 아야, 아, 아야
눈물이 찔끔찔끔 난다
그래도 어제 비 쏟아질 때 벼를 거둔 덕에
매상하면 밀린 공납금은 내겠다
핑거카토로 뜯는 첼로 소리가
노는 시간을 알리는 벨소리보다 쩌렁하다

4.
기다란 입을 가진 악어가 입을 열었다
눈 뜨고 입 다물기 눈 감고 입 다물기
눈 뜨고 입 벌리기 눈 감고 입 벌리기
악어의 표정은 네 가지라는 속설에 반기를 든다
사랑하는 사람 앞에선 악어도 노래를 한다
악어는 말하지 못한는다는 속설은 깨지고 말았다
온몸이 입인 악어 한 마리
호소의 언어란 온몸으로 하는 것임을

몸소 보여주고 있다
전율이 인다

5.
그레코로만형 전문의 한 레슬링 선수
타이어 고무줄을 당기며 훈련을 하고 있다
절대로 하반신을 잡지 않는다
1분 30초 스탠딩 자세에 대한
나머지 30초 그라운드자세를 한 자들의 침묵이 거세다
가만히 엎드려 있는 자의 어깨를 누르며
게임은 시작된다
왼팔이 말을 듣지 않는다
너덜너덜해진 어깨 연골, 태클은 규칙 위반이다
결승전에서는 선수도 관중도 모두 승자다

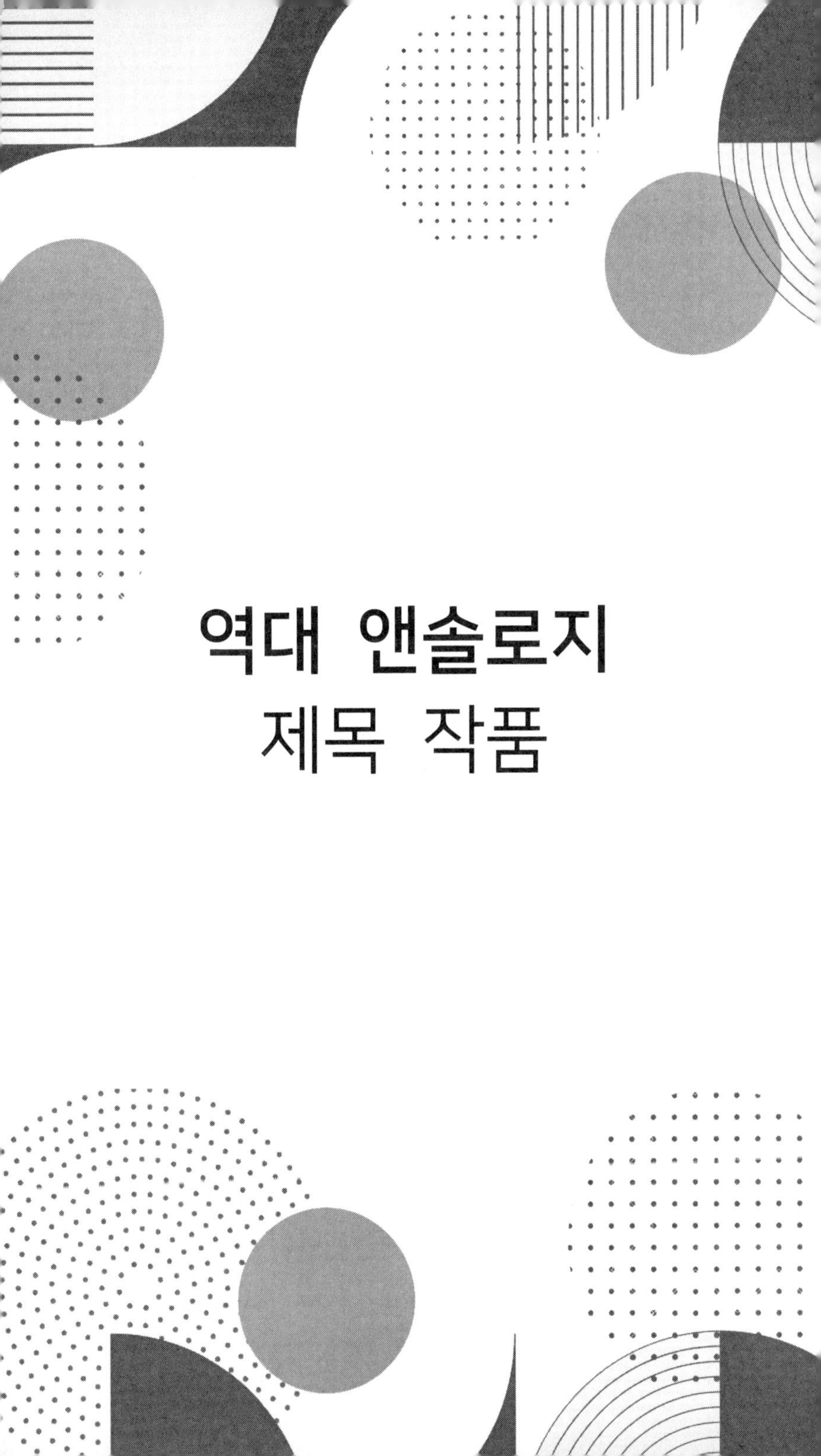

역대 앤솔로지
제목 작품

모순된 말씀

- 2011년 앤솔로지 1집

오두영(2기)

우리 마을 교회에 가면
넓은 회당문이 있는데
'하늘나라'는 '좁은문'으로 들어가야 한다고
열변을 토하며 설교하는 목자가 있다

가파른 산길을 걸어 사원(寺院)을 찾아갈 때는
금강문(金剛門)을 통과해야
대웅전 부처님 뵐 수 있는데
대도무문(大道無門)을 설파하는 스님이 있다

백주의 문이 닫히자 열리는 어둠의 문
초인종을 누르자 딸가닥 대문이 열린다
들어가니 목숨 걸고 제 몸을 사르는 등불이 있다

거룩한 곳에는
언제나 모순되는 말씀의 문이 있다

하늘포목점

- 2012년 앤솔로지 2집

김선영(1기)

거미 한 마리
처마 밑에 포목점을 차렸다
하늘을 두 뼘 잘라 펼쳐놓고
미동도 없이 손님을 기다리고 있다
귀퉁이에 앉아 기다리는 한 노파
삶의 무게가 버겁게 보인다

어린 벌레 한 마리, 덜컥 걸렸다
회심의 미소를 짓는다
벌레는 애원의 눈빛으로 바둥거린다
비싸다 그냥 간다
깎아줄 테니 사가라
생의 몸부림, 누구든
먹이 앞에서 관용은 없다

먹고 먹히는 모습에서
안쓰러운 눈빛을 거두며
돈으로 평가되는 우리네 삶을 뒤돌아본다

<역대 앤솔로지 제목 작품>

겨울을 위한 小說

- 2013년 앤솔로지 3집

권영춘(5기)

북방으로부터 그와 함께 떠나온 기러기 떼는
그가 오고 있다는 전갈을 물어왔다

아버지 創日 선생과 어머니 明月 여사 사이
많은 형제들 속에 태어난 그는
어려서부터 형제들과 자주 싸워 부모의 속을 썩였다
그런 그가 보름 전부터 탱자나무 가시발로
집 주변을 슬금슬금 엿보더니
어젯밤에는 청무 밭에 시린 발자국을 남겼다
결국 쫓겨난 그는 이곳저곳 방황하며 난장(亂場)을 치다가
푸성귀들을 사정없이 헤뜨려놓고 말았다
식구들은 그가 언제 또 말썽을 부릴까 몰라
바리바리 김장을 담가놓고 내다보지도 않았다
미운 자식에게 떡 하나 더 준다고 했던가
그래도 부모님들은 가끔 흰 떡방아를 찧느라 바쁘다
보름 동안 공연되는 연극의 주역을 맡은 그가
연극을 끝내고 휘장 안으로 가뭇없이 사라지면
거리엔 캐럴송이 울려 퍼지고

마당 한 귀퉁이 자작나무에 얹힌 小雪은
기나긴 겨울의 小說을 쓴다

새는 날고 꽃은 피어

- 2014년 앤솔로지 4집

윤　정(8기)

소년이 타고 놀던 나무는 자라서 커다란 그늘이 되고
소녀가 타고 놀던 그네는 자라서 높다란 나무가 되네
소년이 의지했던 아저씨가 떠나던 날,
오렌지나무는 하얀 꽃을 피워 작별인사를 하고
소녀가 의지했던 아저씨가 떠나던 날,
바다갈매기는 파도소리 가르며 위로의 노래를 부르네

가슴에 새 한 마리를 키우던 소년은
천상에서 꽃을 만나 행복해지고
가슴에 꽃 한 송이를 피우던 소녀는
바다에서 새를 만나 행복해지네
새처럼 가벼워진 마음으로 소년은 고향을 찾아오고
꽃처럼 어여뻐진 모습으로 소녀는 바다로 돌아오네

다시 잔잔해진 파도를 벗 삼아 새는 날고
다시 평온해진 바람을 벗 삼아 꽃은 피어
슬픔의 날들이여 안녕 기쁨의 날들이여 안녕

별 세다 잠든 아이

- 2015년 1학기 앤솔로지 5집

임서정(9기)

별 못보고 자란 도시 아이들 문구점 앞 뽑기기계에서
오백 원짜리 동전 넣고 별 닮은 플라스틱 불가사리 건져 올린다
오늘은 운이 좋은가 보다
별의별 장난감이 다 따라 올라온다
콧노래까지 흥얼거리며 집에 왔는데
엄마한테 호되게 야단만 맞았다
별 수 없이 반성문 쓰다 잠이 들었다

별 보고자란 시골아이들 별 따먹기 하며 논다
저 별은 나의 별 저 별은 너의 별
셀 수 없이 많은 별을 나누어 가졌어도
하늘엔 주인 없는 별들로 가득하다
별 하나 나 하나 별 둘 나 둘
별 세다 잠든 아이 꿈속에서도 별하고 논다

대문 밖 감나무에 큰 별 하나 걸려있다

<역대 앤솔로지 제목 작품>

달리는 미술관

- 2015년 2학기 앤솔로지 6집

이병옥(8기)

나는 말이야
풍경을 움직이는 미술관이야
밀물처럼 밀려드는
손님을 단숨에 꿀꺽꿀꺽 삼키고 달리면
덩달아 마을이 달리고 강산이 달리지

간간이 멈춰 서서
손님들을 삼켰다 토해내기를 반복하는
살아 있는 미술관이야
봄이면 창문마다 봄 풍경이 달리고
저녁이면 저녁 풍경이 달리지

여름은 시원하게 겨울은 따뜻하게 앉아서
계절의 변화를 감상할 수 있는
달리는 미술관이야
이름은 경춘선 청춘 열차
내가 달리면 시간도 나만큼 따라 달리지

가슴에 이는 파도

- 2016년 1학기 앤솔로지 7집

이희야(10기)

사량도 동강 건너 저 돌담 집 누가 살고 있을까
바람이 윙윙 대문을 닫으며 숨어버린다
상수영감은 할멈 따라 간 지 석삼년이 되었다
담쟁이는 외로워 울타리를 짚으며 뒷밭으로 간다
강낭콩 따서 손주 보러 간다고 포대자루가 터진다
지팡이 짚고 중절모에 단벌 양복 입으면 막내아들 집이 눈앞이다
시아버지 밥상 한달음에 차려지고 밥상머리 맡에서 참새소리 지줄댄다
바다 속을 뒤져 오신 갈치 고등어 회를 한 입 넣어주신 마음의 보답이다

목선은 시아버지 생활전선이다
크루즈 유람선보다 귀한 추억이 담긴 타이타닉호다
험상궂은 쑤구미 지느러미에 찔려
하루 종일 소금자루에 손을 파묻고 울었던 기억에 지금도 손끝이 아리다
바다 구경 나간 한때 그물 잡아당기시던 손 멈추고 해를 바라보신다
작업을 서둘러 뱃머리를 돌린다

집에 돌아와 어머니 밥상을 받아 앉으니 정오 때다
해시계가 시아버지 눈금에서 읽혀졌다
시아버지와 장독대 앞에 나란히 앉아 바다를 다듬던 그날이
어제같이 생각나 가슴에 파도가 친다

갈고등어 기행

- 2016년 2학기 앤솔로지 8집

배은숙(9기)

한 계절을 보내며 신열을 앓다가 주섬주섬 옷을 챙겨 입고 터미널로 향한다 무작정 떠나 도착해보니 고향 포구엔 비가 내렸다 한 입 울음을 물고 떠나온 내게 바다는 겹겹 파도를 오려 상처에 붙여 준다

안개가 자욱한 바다는 포근하다 걸어서 가본 방파제 선착장에서는 갈고등어 작업이 한창이다 나는 옛집 부엌으로 들어선다 시뻘건 장작이 타고 아궁이 한켠에선 방금 건져 올린 등 푸른 고등어 몇 마리, 어머니 손등 같은 굵은 소금 한 줌이 연신 뿌려지면 갈고등어는 주인님의 밥상을 위해 자진한다 뱃속 터지는 소리 숯불위에서 지글지글 타고 목덜미와 등짝의 푸른 동맥이 눈망울로 붉어질 때

이제야 알겠다 그 울음의 의미를… 짠물에 절어 입안에 퍼지는 그 짭짤 고소한 맛, 이 계절에 가장 훌륭한 밥상을 스스럼없이 내어줄 너를 생각하며 나는 지금 서성인다

가을 소슬한 바람의 맛과 어우러진 너의 만찬을 기대하면서

<역대 앤솔로지 제목 작품>

달큰한 감옥

- 2017년 1학기 앤솔로지 9집

김근숙(9기)

오늘도 몰래 빠져나가기 했던 몇 명이 재수감되었다
수차례 탈출을 시도했으나, 바로바로 옷자락이 잡히고 만다
그들의 죄목은 그냥 취미가 비슷하다는 이유였다
교도관의 잔소리에 하얀 밤을 수없이 보내다가
불면증 판정을 받은 후 돌발적인 탈출을 감행한 것이다

교도관은 허허로운 벌판을 홀로 걷는 이들을 불러 모은다
메마른 마음 밭에 흠뻑 물을 뿌려주면서 이유는 묻지 않는다
푸른 하늘의 흰 구름과 바람으로 어루만져 준다
향긋한 꽃향기와 커피를 곁들인 맛있는 브런치를 내밀어준다
닭살 돋는 애교를 부리면서 향기 나는 공간으로 만들어간다

옆 감옥에서 어느 수감자가 교도관과 동료들의 관심을 시험해보려고
일부러 탈출연기를 시도해 보았다

즉시 근심과 위로의 얼굴들이 모여들어 웅성거렸다
감동받은 수감자는 정중히 초대장을 수락했다
그 후 수감자는 충실하게 감옥에서 자유를 누렸다
수백 명이 넘는 감옥방과 지시만 떨어지는 감시 속에서도 꿋꿋하다

끈끈한 정이 흐르는 단톡방은 아메리카까지 흘러들어
향수병을 어루만지고 그리움을 달래준다

틈새에 둥지 튼 새

- 2017년 2학기 앤솔로지 10집

안서진(13기)

담쟁이넝쿨이 그 앙상한 갈비뼈를 드러내는 겨울
여름내 가려져 그 모습을 볼 수 없었던
콘크리트 벽 틈에서 발견되는 새
그 틈새에 둥지를 트는 새가 있다

새는 접지 못한 날개를 퍼덕이며 일어나고
틈새로 불어오는 바람을 틈 타 날아갔다가
틈새로 불어오는 바람을 틈 타 둥지로 돌아오나
날개를 접지 못한 채 둥지에 내려앉는다
틈새의 넓이와 길이에 맞춰 날개를 조절하고
벌어진 틈새만큼 크고 자라는 새
딱 그만큼만 가슴이 벌어지고 숨을 쉴 수 있는 새
틈새만큼 먹고 틈새만큼 먹이를 저장하는 새
틈새조각만큼 눈을 붙이고 일어나는 새
지나가는 눈동자마다에게 벽에 그려진 벽화쯤으로 간주되어도
틈새에 부는 바람 한 가닥에 가슴이 움찔거리는 새

틈새에 둥지를 튼 새가 알을 낳으려고
힘겹게 몸을 뒤척이는 밤이다

여름의 반란

- 2018년 1학기 앤솔로지 11집

이혜수(7기)

재촉하지 않아도 정지된 하루가 비어간다
거미줄에 엉켜 몸부림쳐도 덫은 단단해져 가고
한낮의 전쟁은 순식간 그림자도 삼켜버렸다
숨을 쉬고 있다는 건 닥쳐올 위기의 기다림인가
블록 위로 녹아내리는 열기는 빛의 광기인가

누적된 하루가 쓰러지는 작은방
접힌 가슴을 말아 달팽이집을 만들어야 잠이 드는밤
하얀 베개엔 어느새 강물이 흐르고 있다

창틈 사이로 스며드는 냉기가 시간을 조금씩 얼리고 있다

뷰티살롱에 관한 보고서

- 2018년 2학기 앤솔로지 12집

최예은(15기)

서울로 가는 수요일이면 나는 꼭 뷰티살롱에 들른다
1호선과 6호선의 총알보다 빠른 전철 안에서
외모와 취향까지 다양한 메이크업 아티스트들을 만난다
충전식 교통카드가 그녀들을 볼 수 있는 유일한 입장권이다
남부 부산 전철 출퇴근시간대에 전혀 볼 수 없었던 낯선 풍경이다

그녀들은 전철이 꾸려준 매끄럽고 샤프한 의자를 골라 앉는다
그 다음 얼굴과 머리를 리셋하기 시작한다
각자의 노하우 전법으로 헤어롤로 머리를 말아 올린다
화장대의 매뉴얼이 무릎 위에 고스란히 올라온다
탱탱히 부풀어 올랐던 볼살 위에 하루를 스케치한다
아이라이너와 색색 아이샤도우 짙은 검은색 마스카라로
눈썹을 풍부하게 말아 올린다
앵두 빛 촉촉한 립스틱으로 블링블링 마무리한다

그녀들의 비포와 에프터 후의 정체성에 대한 논란은
관중들을 의식하지 않은 뻔뻔한 무죄 민망해하지 않은 원죄다
그럼에도 불구하고 매혹당하지 않은 그녀들이다
일각에서는 취향을 존중해줘야 한다는 말도 나오고 있다

늦잠의 핑계일까 바쁘다는 핑계일까
그녀들은 예뻐질 거라는 환상 속에 봄날의 목련이 되었다가
여름날의 부케를 닮은 수국 향으로 피어나기도 한다
흔들리며 출렁거리는 모래성 같은 지우고 또 그려내는
달리는 화장대는 그녀들이 문을 나서면 신기루같이 사라진다

시민의 편익을 내어준 전철
그녀들만의 뷰티살롱은 오늘도 성업 중이다

95cm × 60cm 스크린

- 2019년 1학기 앤솔로지 13집

정양희(17기)

설거지를 하다
95cm × 60cm 작은 창가 속
세상을 훔쳐본다

자동차들 포효를 무시하며
리어카에 당당함을 묶어 메고 팔자걸음으로
무단횡단하시는 폐지 줍는 할머니가 지나간다
과일 좌판대 배 불뚝 사장님이 궁시렁거리며
시집보낼 사과에 붉은 연지곤지를
찍어 바르고 있고
붕어빵 사장님의 낚시 솜씨는 미끼도 없이
팥앙금 하나로 노릇노릇 일품이다

작은 사거리 앞 신호등
그들만의 규칙 속에서
가다 서다를 반복하며 하루를 돌린다

커피 향 품은 은행나무 사이로
발그레 카페가 부끄러워
숙제 뒤에 숨어 있는 나를 닮았다

이른 아침부터
안드레아 보첼리[1]인듯 화이트 세탁소 사장님이
세 - 에 - 타 - 악 하며
내 창 안으로 쑤욱 들어온다

---

1) 안드레아 보첼리 : 이탈리아의 테너이자 팝페라가수

전하라

(4기, 2012년 1학기 등록)

참여작가 ▮ 전하라

살바도르 달리를 뒤로한 채 외 4편

전하라

현수막을 찾으러 거래처로 가는 길목
을지로3가역 9번 출구에서 노숙 중인 달리를 만난다

깊이 팬 주름은 이미 세상을 점령한 채
계단을 걸쳐 늘어진 배꼽시계는 멈추었는지 미동이 없다
어쩌다 저리 되었을까 의문을 털며 걸음을 재촉한다
한참을 가다 돌아봐도 그는 희미한 기억의 영속에 갇혀있다
배고픔으로 질식 중인 그에게
빵을 사주고 싶다는 생각은 오래가지 않았다

살바도르 달리는 시계를 나뭇가지에 걸거나
계단에 늘어뜨려 세상을 연장시켜보려 하지만
노숙자는 시계를 빨리 돌려 삶을 정지시키고 싶었을 터
노숙자에게도 바다로 향한 꿈이 있었을까
망망대해에서 돌아온 그가 언덕에 누워있다

개인주의 타성에 젖은 내 발걸음은
이미 지하 계단을 내려가고 있었다

>
9번 출구에 우리의 자화상을 걸쳐놓고 전철을 탄다
내 안에서는 속물근성에 테러를 가한다

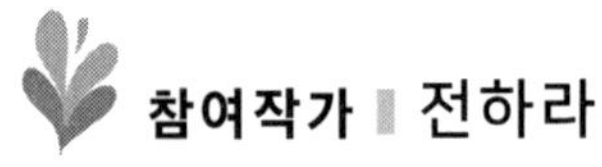

까치밥

모정을 지나 언덕을 내려 둘러가면
전씨 종친의 산이 있다
밭둑에는 감, 잣 그리고 밤나무들이
흔들거리고 있다

사내아이 같은 나는 밤나무를 오르내리며 밤송이를 털어내고
이른 서리가 내리면 감나무에 올라가 몇 개 남지 않은 감 따먹기에 바쁘다
조금은 가볍고 재빠른 나는
누가 시키지 않아도 다람쥐처럼 오르락내리락
어느덧 얼굴은 홍시빛이 난다

멀리서 가을 끝일을 하는 아버지와 어머니가
손을 흔들고 있다
내려와 내려와
위험하니 내려오란 손짓을
즐겁게만 받아들이며 감을 따다가
순간 발이 미끄러져
찢겨나간 살점,

>

아직도, 그 가을 끝에 새겨진 흉터가
까치밥처럼 매달려 있다

컨테이너

1. 비틀거리는 네모

슬픔을 안고 미닫이로 나갔다가 여닫이로 들어온다 슬픔이 드리운 민낯으로 관짝 같은 문을 연다 이명에 귀를 후빈다 울렁거리는 속은 깨금발로 걸어다닌다 온몸이 끈적거린다 네모로 들어가 샤워를 한다 흐느적거리는 정신을 옷걸이에 걸고 또 다른 네모 위에 눕는다

사각의 방은 달궈진 더위로 된 푸딩이다
간혹 열어놓은 네모 창으로 한 줄기 바람이 포크처럼 찔려 들어온다

2. 그래도 담담한 네모

비틀어져 있어도 넘어지지 않아서 다행이다 비바람에도 견고해서 마음이 놓인다 다보탑처럼 쌓인 빈 구름이 각지에 떠돈다 이름도 간판도 없이 번호만 남은 수인번호가 내게로 걸어올 수 있는 확률은 얼마일까 365일을 매번 돌고 도는 네모 속에 네모가 닮아간다

3. 침묵이 사는 집

목젖에 걸려 나오지 않는 울음소리
멎으려는 심장을 쥐어뜯어도
목소리는 나오지 않는다
이 오래된 슬픔과 고통을 무엇으로 대신 이식해야 할까
잠시 창에 드리운 밤하늘을 본다
미세먼지로 채워진 하늘엔 아무 것도 보이지 않는다
매일 빙의된 수면이 잘 건조된 채 부스럭거린다

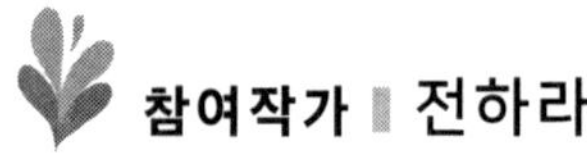

곶, 곶

뱃머리에 곶, 곶을 얹고 가는 바다가 곶를 찾아 떠난다

사랑도![2] 곶
이름만 들어도 심장이 멎을 것 같다

사랑을 찾아 떠나온 사람들이 오래 머물다 가는, 곶
푸른 뱃길을 내어주는, 곶
영혼이 자유로울 수 있는, 곶

사랑하면 생각나는 섬, 사랑도

곶, 갈매기가 되어 날아오는
곶, 돌아 나오는 뱃길을 열어주는
곶, 숨지 않아도 이미 가 있는

발끝에 스치는 포말의 곶
이끼 같은 사랑이 곶이다

---

2) 통영 가까이에 있는 섬

어떤 설렘

계절밥상으로 잘 차려진 가을에 입맛을 다신다
버스 맨 뒷자리 왼쪽에서
한 남자의 목소리가 나뭇잎처럼 사르락거린다

저 송추삼거리 느티나무 둥근 테두리 너머에서
글쓰기에 대한 상담을 하는 듯하다
나도 모르게 쫑긋 세워지는 귀
혹시 아는 시인일까
책에서 보던 그 유명 시인?
아님 페북의 페친, 얼마 전에 의정부에서 북콘서트 한다던 김 모 시인?
묵직한 목소리 너머 귓불을 두드리는 설렘

구파발역 34번 노선에서 덜컹거리는 궁금증을 내려놓고
앞만 보고 벨을 누른다

아직도 내게 속삭이는 목소리를 차마 거둘 수 없어서
사뭇 덜컹거리는 그 남자

김재농

(10기, 2015년 2학기 등록)

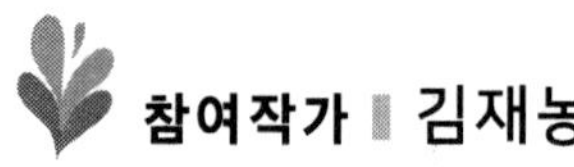

간판 없는 여인숙 외 4편

김재농

노을 진 강변에
여인숙이 즐비하다

지붕 없는 천정에
벽 없는 창문
바닥없는 장판 감촉이 좋다
투숙객들은 난방 안 된다고
숙박료도 외상이다

낮이면 햇볕이 놀다 가고
밤이면 달빛이 자고 간다
오리가족은 떼 지어 오지만
피라미 한 마리 주고 가는 법 없다
강바람은 연락부절 들락거리고
산바람에 쫒긴 동네바람은
숨겨달라 아우성이다
번듯한 간판 하나 없건만
손님은 끊일 줄 모른다

아—

언제면 우리도 반듯한 간판 달고
숙박료 좀 받아볼까
갈대숲의 탄식이 물길 따라 흘러간다

도다리 승천하다

옛날 넙치들의 마을이 있었다
생전에 무슨 업을 졌는지
모래 바닥에 배를 깔고 미천하게 살았다
그런데 혈기 왕성한 두 넙치가 만나기만 하면 싸웠다
힘과 울분의 표출이었다

어느 날 둘이서 바위계곡으로 먹이사냥을 갔다 짙은 바위 그림자와 깊은 굴이 많아 으스스하던 차에 뜻밖에 거칠고 사나운 우럭을 만났다 한창 세상 사람들의 사랑을 받던 우럭은 너무나 당당했다 머뭇머뭇하다가 한 친구가 그를 물고 늘어졌다 엎치락뒤치락 처절한 싸움이었다 다른 친구는 슬그머니 꽁무니를 뺐다 그러나 넙치는 입이 작아 우럭을 삼킬 수가 없었고, 우럭은 넙치를 잡아먹을 수가 없었다 결국 싸움은 무승부로 끝났다

화가 난 우럭이
돌아서면서 꼬리지느러미로 뺨을 후려쳤다
왼쪽 뺨을 얻어맞은 넙치는 눈까지 돌아갔는데
그 후손이 이름하여 광어다

그로부터 광어는 우럭처럼 인기가 치솟아 어깨를 으쓱거리며 마을을 돌아다녔다 남은 친구는 구겨진 자존심에 화가 났다 자기도 우럭과 싸워야 한다고 결심하고 홀로 그 무시무시한 바위산으로 올라갔다 역시 우럭이 버티고 있었다 지느러미가 벌벌 떨렸다 그러나 죽기 살기로 싸움을 걸었는데 역시 무승부다

광어처럼 되려고 왼쪽 뺨을 내밀었더니 우럭은 밉단다고 오른 쪽 뺨을 후려쳤다
눈은 왼쪽으로 돌아갔다
그가 곧 도다리의 시조가 되었다

그러나 아무리 기다려도 세상 사람들은 자기를 거들떠보지 않았다 마침 봄바람과 놀다 온 파도를 만나 하소연했더니, 지상에 있는 쑥을 만나보라 했다 쑥도 좋은 향을 가졌으나 제대로 대접받지 못하며 산다고 그리하여 미친한 쑥과 도다리는 동병상련으로 뭉쳤다 지금 그 인기가 하늘로 치솟고 있지 아니한가

도다리쑥국의 탄생설화다
지금도 도다리와 광어는 서로 외면하고 산다

참여작가 ▮ 김재농

속물이 따로 있나

풍경소리 아련한 공작산 기슭
수타사 휘두른 맑은 개울물
두둥실 떠가는 가랑잎 하나
가을을 노래하네

추위에 놀란 다람쥐 굴밤 안고 제집 찾는데
제집 없는 바람은 쉴 곳 찾아 안절부절
구름 성가시다고 푸른 하늘은 높아만 가고
허공을 가르는 가랑잎 하나 휑—

산수유 붉은 볼 저리도 탐스럽고
보리수에 사랑방 차린 새들 먹거리에 희희낙낙
억새는 춤추며 낮달 희롱하나
낮달은 고개 돌려 단풍 구경만 하고 있네

설레는 내 마음 가을빛 찾아
낙엽 머금은 개울물 따라 흘러가지만
가을은 본체만체
피라미만 찾는구나

내가 바로 속물이지

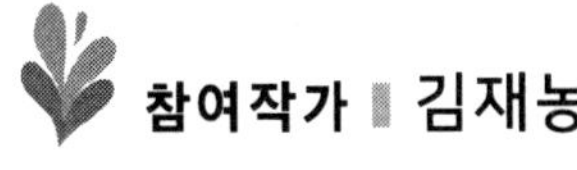

참여작가 ▮ 김재농

모과꽃 타령

향이 좋아
앞마당에 모과 한 그루 심었더니
심은 지 4년 만에 꽃이 피었네
열매가 못생겨서
꽃도 못생긴 줄 알았지

이리 보면 연분홍이요
저리 보면 꽃분홍이요
빙글빙글 돌아보면 영롱한 무지갯빛
어찌 보면 촌로의 삿갓이요
다시 보면 풀 먹인 세모시라
보면 볼수록 우아하고 정감 넘치네

어허라 둥둥
송이송이 모과 꽃 함박웃음 터졌네
모과는 못생겨도 안방에 놀고
꽃은 시인의 가슴에 노나니

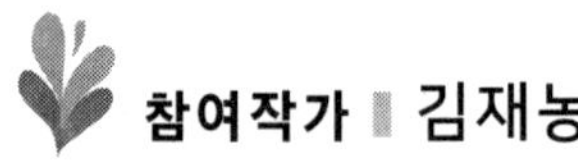

참여작가 ▮ 김재농

마음이 가난한 자여

원래 나는 가진 게 많았다

지난 봄
꽃들이 난장판 치더니
한 움큼 뺏어가고
여름에는
여울을 휘젓는 피라미가
한 됫박이나 훔쳐간다
가을이 되니
푸른 하늘이
왕창 뺏어가더니
겨울에는
설산의 상고대가
흩어진 이삭마저 쓸어간다

텅 비고 허전하여
풍요롭다는 바다에 갔더니
가진 것 다 털어 내라고 오히려 으름장인데
줄 것이 없어
빚만 지고 돌아왔다

>

혹시 얼마라도
되돌려 받으려나 해서
가을 하늘에 다시 갔더니
주기는커녕
껍데기마저 딸딸 훑어간다

그대는 복이 있나니

신명수

(10기, 2015년 2학기 등록)

묵정밭의 시인 외 4편

신명수

애처롭게 바라보는 시선을 이해할 수 없는 달맞이꽃
멸시하는 눈초리에도 아랑곳하지 않는 질경이
이른 봄 먹거리로 융숭한 대접받는 냉이
쭈그리고 앉아 들여다보다가도 매몰차게 버림받는 강아지풀
뭉쳐 살아갈 때 뭇시선을 받는다는 사실을 깨달은 개망초
낮은 자세로 임하는 것이 좌우명이 되어 살아가는 쇠비름
언젠가 쓰디 쓴 세상에서 당당한 주연이고 싶었던 씀바귀
변신의 달인이 되어 탄생과 죽음을 꽃으로 승화시킨 민들레
모욕적인 이름에도 아랑곳하지 않는 철부지 애기똥풀
일가친척은 물론 동족들이 무참히 도륙을 당할 때
어설피 숨겨둔 행운을 풀어헤치는 토끼풀
민주주의 법칙이 통용되지 않는 불합리의 텃밭
비폭력 평화의 씨앗을 햇빛과 바람의 응원을 받아 파종한다
이름에 걸맞은 소박한 풀과 꽃으로 당당하게 존재하

고 싶다

운명은 희망과 절망의 교묘한 뒤틀림이 되어 대지에 뿌리를 내린다

없어야 할 자리에 존재하는 아름다운 꽃들도

한낱 그들의 신세와 다를 바 없다고 위안하는 낙천주의자들

세상의 당당한 주연이고 싶었던 그들이 몰려온다

뽑아내고 솎아내도 마냥 행복하다는 그들

한 줄기 빛의 훈풍처럼 홀연히 나타난 구세주

빛과 어둠의 양면성을 감성의 프리즘으로 정제하는 시인

늘 꿈꾸던 묵정밭에서 그들만의 시낭송회가 열린다

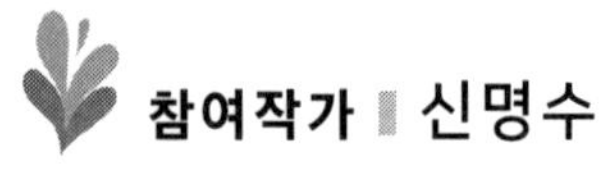

기억불감증

인왕산 한 자락에 이런저런 큰 바위들이 자리 잡고 있었다
우두커니 병풍처럼 둘러 앉아 숲을 내려다보며 늘 근엄하고 인자한 얼굴이었다
마른하늘에 날벼락 치던 날
바람과 햇빛이 그들의 웅성거리는 소리를 엿듣게 된다

금시초문
사실무근
기억이 없습니다
기억이 나지 않습니다
본적도 들은 적도 없습니다
일면식도 없습니다
있어서도 안 되고 있을 수도 없습니다
상상도 할 수 없는 일입니다

우직하리라던 바위가 배반의 숲을 지날 때
늦은 가을 서릿발과 함께 들이 닥친 댓바람에도 꿈적 않던 풀잎들이 주저앉는다
기억상실증후군의 열병을 앓고 있던 큰 바위가 중얼거린다

우리에게는 기억은 사고의 부스러기일 뿐 간직할 필요가 없는 육신을 지녔다

그렇게 모든 것을 쉽게 잊어갑니다
정작 잊지 말아야 할 것은 세월에 실려 보내고
잊어야 할 것은 오래토록 가슴에 담고 사는 것
그것이 역설의 영웅을 꿈꾸는 바위의 철학이다
역린의 유언비어가 난무하는 비겁의 산에서
충신은 스러지고 간신은 우거진다
기억불감증은 또다시 망각의 시간 속으로 정처 없이 흘러갈 것이다
미련과 상실의 시대를 위한 못 다한 바위의 무용담을 위해 산은 또 탈바꿈한다

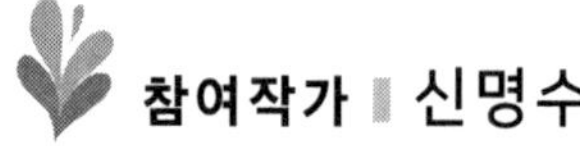

빛바랜 사진 한 장

첨단 디지털시대의 가장 큰 수혜자이자 피해자
나는 그래서 혼돈스럽습니다
시간과 비용을 모토로 하는 자본주의의 메커니즘
그들과 대적해 최후의 성전을 치른 용맹스러운 전사
건망증으로부터 인류를 구원한 공로에 대한 과소평가
내가 가장 이해하기 힘든 부분입니다
오늘까지도 내가 손오공의 후예라는 것을 알지 못합니다
나는 그 사실이 믿어지지 않습니다
보이는 것이 아닌 보고 싶은 것이 실현된다는 것을 아는 이도 있지요
나는 그럴 때마다 깜짝 놀라곤 합니다
추억을 소중하게 생각하는 사람들이 제일 좋습니다
왜냐하면 나를 가장 사랑하기 때문입니다
스스로는 아무 것도 할 수 없는 게으름뱅이
그런 나에게 열광하며 찬송을 보내는 이들도 있습니다
순간만을 기억하는 속성으로 많은 이들의 상상력을 부풀려 놓는 재주가 출중하지만
그로 인해 많은 비난을 받기도 합니다
빛과 어둠의 경계선에서 탄생하는 카멜레온과 같은

나의 존재는
　모든 사람들에게 경이의 대상이 되기도 합니다

　기술과 예술의 사생아로 업신여기던 시대를
　스스로 복제하며 견뎌온 내 자신이 대견스럽습니다
　나에겐 과거만 있을 뿐 현재와 미래는 존재하지 않습니다
　그래서 나를 좋아하는 사람들이 늘어만 가는지도 모릅니다
　사실만이 퇴적된다고 진실이 되지 않는다는 것을 알리는 것
　이것이 나의 마지막 소임입니다
　그래서 나는 오늘도 시간을 쪼개 찰나를 만드는 역사에 동참합니다

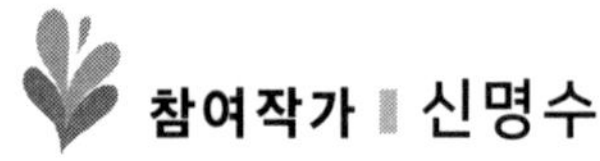

참여작가 ▮ 신명수

가살피3)

한 무리의 두루미 떼 정쟁을 피해
양주목 암회리 도봉산 자락에 둥지를 뜬지 수백 년
얼기설기 싸리나무 담장 아래 봄이 묻어난 돌나물
증조할머니의 손맛을 기다리는 장독대의 빨간 고추장
싱그러운 봄과의 상견례에 얼굴은 더 붉어지고
고운 햇살이 졸며 고개를 숙인 나지막한 언덕
할미꽃 가족 힘겹게 동그란 산소로 마실 나오고
배고픔을 잊기 위해 사냥 나온 아이들
고사리 같은 손에서 피어난 싱아와 장다리 한 움큼
양지바른 낟가리에서 똬리를 틀고 일광욕을 즐기던 능구렁이
자지러지는 한 살 차이 더벅머리 아저씨
호두나무 이파리에 숨어든 연둣빛용의 위용에
사색이 되어 도망가던 네 살 차이 허망 할아버지
초가집 이엉에 살이 통통하게 오른 굼벵이
한 입에 털어 넣으시던 진짜 증조할아버지
늘 쫓아 다니던 알 수 없는 허기를 내쫓던 부뚜막의 솥단지
가장 두려운 대상이었던 보리밭의 문둥이

---

3) 가살피 : 안방학동의 옛 지명

아지랑이 피어오르고 배고픔이 매달리던 늦은 오후
작은 소반에 들린 정갈한 밥상을 맞이하던 그들의 미소
대추나무 그늘 아래 그들을 지켜보던 서로 다른 두개의 시선
허겁지겁 그들의 불안한 포만감이 서두르고
간을 빼먹는다던 그들 어쩌면 할머니가 들려주시던 마지막 전설이 되었고
좀처럼 풀리지 않고 응어리 져있던 두려움이 눈 녹듯 사라지고
아무것도 무섭지 않게 된 할머니의 착한 마음이 마을을 풍요롭게 한다
세월이 흘러도 익지 않고 익숙해지지 않는 정지된 시간이 서글픈 오늘
어두운 별빛 하늘을 지붕 삼아 밤새 이야기꽃이 피어나던
원두막 같은 가살피, 내 고향

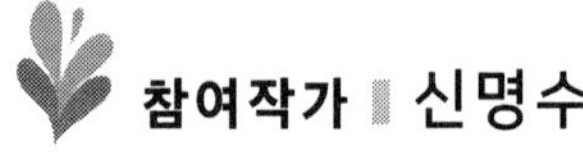

뺑과 꽝의 말로

누구도 그들을 비난하지 않았다
가진 것이 많지만 무소유를 주장하던 꽝씨가 묘향산의 한 절에 입적하였다
우왕좌왕하던 뺑씨는 더 이상 까치와 까마귀의 대변인이 될 수 없음에
스스로 목숨을 끊었다는 소문이 개성 바닥에 자자했다
누구도 그들을 존경하지 않았다
차고 넘치는 무지와 오만으로 무장한 꽝씨
객기 앞에 때 늦은 무념무상을 설파하던 뺑씨
둘은 승적을 포기하고 북한산의 외딴 주점에서 동가숙서가식하고 있다는 소문이
서울 장안에 파다하다
꽝씨의 허풍과 뺑씨의 질투가 어울려 혼돈과 무질서의 검은 비가 내렸다
미시적 불평과 거시적 분노가 어색한 동거를 시작했다
그 때쯤 세기말적인 전쟁을 암시하는 듯한 유치한 은하호가
치졸한 싸드(THADD)에게 추파를 던진다
천국에 이를 것 같던 무수한 희망이 태어나자마자 절망의 사생아로 전락했다
모두를 배부르게 했지만 쉽게 꺼지는 포만감으로 초

점을 잃은
아이들의 눈에는 상실감과 공허로 가득하다
아무도 경험하지 못한 극한의 절망과 고통을 잉태한 검은 버섯구름
악몽을 꾸는 아이의 손에서 꼭 쥐고 있던 초코파이가 힘없이 바닥에 떨어진다
뺑씨의 꽝, 꽝씨의 뺑
그들의 말 한마디에 희망과 절망이 교차한다
눈물과 땀으로 얼룩진 유성우가 빗발치듯 쏟아진다
견우성과 직녀성을 가로지르는 커다란 별똥별이 사라진다
개똥철학과 빛바랜 이념으로 무장한 두 형제
이데아의 변방에서 어설픈 손자병법을 설파하다 나란히 잠들고 있다

김면희

(14기, 2017년 2학기 등록)

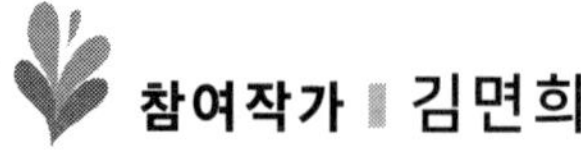

꿈속에서 본 낮달 외 4편

김면희

날마다 태양을 맞이하며
밤이면 잠시 꿈속으로 들어간다

모두들 힘든 과정에서
모두를 잊혀 가는 시간
편안한 시간 명상 속에 만질 수 없는 사랑이 뇌를 훔치고
내일의 만월을 달구며
기적의 꿈을 꾼다

사람은 자기의 할 일이 있고 책임과
의무가 존재할 듯이
나의 생명 다하는 날까지 사랑을 바라보며
내 희망을 너에게 주노라

희망이란 높은 곳에서 번뇌의 캄캄한 굴속 높이
한 계단 한 계단 생명의 빛을 주리라
세상 속 공간 속에 나를 던져놓고

반작이는 눈빛으로 바라보리라

흐름에 강물이어라

지혜는 순리이고 세월은 역사이니라
오늘도 나의 꿈이 문학공원으로 들어가
슈퍼문의 존엄 속에
희망과 구원의 글 속으로 들어간다

문학행사장에서

문학이라는 것은 말 그대로 예술과 작품이다
작은 학문으로 볼 수 있다

문학생활도 가지각색으로
학교 시간표가 되었다
데스크에 너를 문지르면
즉시 선택 과목이 작성된다

한편으로는 저출산시대
지방 초등학교에서는
할미꽃과 새싹들의
수업하는 과정이 슬프다
우리가 먼저 시의 아기를 낳게 된다

문학생활을 하면서 느낀 점이 많다
상상과 비유와 창조적 사물
새롭게 구상해보지만
아직도 잠자고 있다

살아있는 생명의 시를
구성하려고 헤매는 그녀가 애처롭다

문학행사 개막식을 끝나고
구름과 바위 특강을 들었다
특별히 시 낭송에 젊은 시인들이 한몫을 한다

할미꽃들과 어울리려다
알 듯 모를 듯 나태한 수업
죽기 살기 달려 공부하지만
텅 빈 가슴 안고 시를 부른다

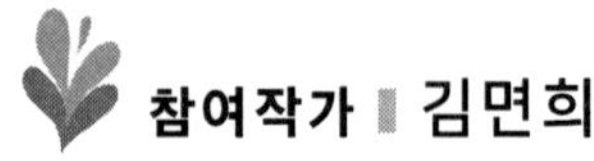

글쓰기

새벽부터
나를 귀찮게 하는 그녀
아무 말 없이
그려지는 대로 따라가는 몽당연필
하루 천자 이상 글을 쓰는 여인
선물 받은 지가 20년
그녀의 모습 글 속에서 방긋 웃고 있다

수십 개의 집필한 학습장이
서재에 나란히 엄숙히 서 있다
이 세상의 장막 집이 무너지면
불속에 활활 타 재가 될 것인가
영원한 곳으로 천사가 옮겨줄 것인가

날로 발전하는 시대
컴퓨터에 글들이 저장되어 있고
폰을 열면 여인의 글이 많이도 떠 있다
한국스토리문인협회 스토리문학사에서
글 올리기를 청탁하는 메시지가
내 마음을 기쁘게 한다

내 고향 충남 보령의 신문 방송에까지
떠있는 글들이
내 마음을 감동시킨다
학생은 스승님을 잘 만나면 성공한다
지나온 시간을 상상하니 감동이 몰려온다

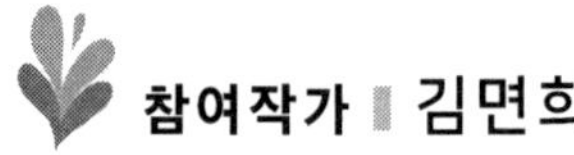

참여작가 ▮ 김면희

동역자와 걷는 길

즐거운 밤 시간 가는 줄 모르고
화려한 별빛 따라 길을 걷는다
어디서 시냇물 졸졸 흐르는 소리가 들린다
잠에서 깨어보니
환한 햇빛이 창을 뚫고 들어온다
나는 삶의 일기장을 꺼내어 쓰기 시작한다

마음은 넓은 들판 알곡같이
사방에서 모여든 앞길
뒤엉켜 사랑하다 마음속에 수놓고
한맘으로 달려갈 낭군의 그리움이
가슴에 가득 장미꽃 향기로 스며든다

물방울이 흘러 바다에 모인다
한마음 밭에 따뜻한
온기를 주고픈 마음속에
사랑의 메시지 날린다

삶속에 어둡고 캄캄한 본향일 지라도
높고 비탈진 좁은 길

애정 속에 수채화를 그려본다
뒷모습 그리며 추억 속에
그리운 낭군을 찾는다

참여작가 ▮ 김면희

낙엽을 꿈꾸며

유수 같은 세월은
바람에 생을 싣고
아픔을 참아내며 싸우고 있다

서로 사랑하고 때로는 눈물 속에
적막한 밤을 이겨내고
쉬지 않고 따라가야만
구름 걷힌 날을 만날 수 있다

애틋한 꿈속에서
해와 달 같이 서로를 응원한다
비바람의 고난을 이겨 내고
마침내 태어난 곳으로 돌아가고 싶다
자연의 순리에 순응하며 살고 싶다

문득 땅바닥에 누워있는 낙엽을 본다
아파도 참고 이 먼 곳까지 걸어온
낙엽의 발자취를 생각한다
내 시도 사람들의 영혼을 살찌우는
거름이 되고 싶다

정일주

(15기, 2018년 1학기 등록)

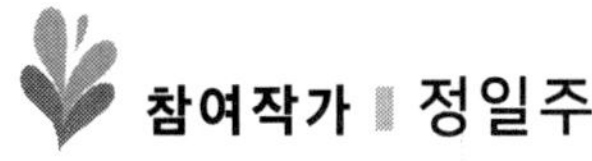

참여작가 ▌정일주

참살이 외 4편

정일주

우리는 농약중독으로 정든 고향을 등졌답니다
서울로 올라와 달동네에 어렵게 둥지를 틀었어요
이곳 사람들은 잔정이 많아 우리 가족을 보면 늘 반가워했지요

가랑비가 내리는 날 아침에 사다리차가 우리 집으로 올라오더니
불법건축이라며 집을 쇠갈퀴로 헐어버렸답니다

농촌에서는 농약 중독으로 친구들이 죽어가고
사과 재배지로 내려간 친구들은 총기로 사살을 당하니
이제는 농촌에 가도 도시로 가도 사람이 두려워요

까치 까치 설날은 어저께고요
노래를 부르며 길조(吉鳥)라 반겼는데
이제는 우리를 흉조라며 보호하겠다는 사람은 없어요

잠깐, 발걸음을 멈추고 바람결에 흔들이는 가로수를 바라보세요
가로수에 둥지를 틀고 물욕 없이 살아가는 우리를 바

라보며
사색(思索)에 잠기면 참살이[4]에 도움이 될 거예요

4) 참살이(NEO + Wellbeing) : 심신의 안녕과 건강뿐 아니라 진정한 삶의 행복까지도 이루는 삶

참여작가 ▌정일주

하늘에 띄운 편지

엄마는 나만 보면 눈 감기 전에
며느리 보는 게 소원이라 했다

결혼 걱정은 하지도 말라는 말에
빈집에 처자가 오냐며 걱정이 태산

어미가 혼사도 못 시켜 미안하다

엄마, 나 장가갈 밑천 있어
엄마! 신경 쓰지 말래 두

네가 가진 게 뭐가 있다고 뒨소리냐
깊이 숨겨 둔거 있으니 걱정 마세요

나는 달랑 고추 하나 가지고 장가들어
우리 집 농사는 매년 풍년이 들었다

아들 결혼 걱정하다 하늘나라 간 엄마
발갛게 영글어가는 고추들 바라보며

지금은 미소 짓고 계시겠지

손자들 웃음소리가 요란하다
엄마 고추 구경하세요

참여작가 ▮ 정일주

아내

엄마도 아니고 누이도 아닌
엄마와 누이 사이의 촌수쯤 되는 여자

술이 거나하게 취한 밤이면
털어놓고 고백을 하고 싶다가도

그건 안 돼,

그 말만은 가슴에 담아둬야지
돌아누우며 입을 앙 닫아버리는

파뿌리 되도록 살자며 언약하고
밤이면 한 이불 속에서 꿈도 캐지만

바가지를 긁어대는 날은
이 무슨 인연인가 싶다가도

제비처럼 새끼를 사랑하는 여자는
이 세상에서 이 여자 밖에 없을 것 같아
오늘도 이른 아침 지하철로 향한다

생각해보니

가장 많이 지지고 볶고 잠을 자고
튼실한 고추를 생산한 여자

돈 떨어지면 웬수라고 하면서도
나 없으면 못 산다고 하는 여자

제일 가깝고도 제일 먼 사이
도장 하나에 남남이 되는

– 문정희 시 「남편」 페러디하다

참여작가 ▮ 정일주

잊힌 언약

그랬어, 해변을 걸을 때 눈보라가 파도를 탔지

나는 머리에 쌓인 눈을 보며 천사라 했고
너는 우리의 밀어를 눈속에 묻어두고 싶다 했지
나는 눈밭에 꽃을 심고 물을 주고 싶다 했고
너는 눈밭에 꽃을 심으면 마음이 따뜻할 거라 했지
나는 사랑은 추운 겨울에 싹이 튼다 했어

그랬어, 눈 밭을 걸으며 파도타기를 했지

너는 푸른 바다 숲에 둘만의 정원을 가꾸자 했고
나는 보물을 은쟁반에 가득 담아주겠다 했지
너는 말했어 눈보라 타고 멀리 떠나자 했고
나는 별도 따고 달도 따자고 했지

그랬어, 파도가 세레나데를 부를 때

하얀 눈이 앞다투어 바다에 투신했지
나는 눈이 생을 마감하는 거라 말하고
너는 바다에서 목욕하는 천사라 말했지

그랬어, 파도가 쓸어간 수많은 이야기

너는 밝은 것을 좋아했고
나는 어두운 것을 좋아하고
너는 봄을 좋아했고
나는 겨울을 좋아하고

그랬어, 우리의 몸짓은 늘 평행선

눈 위에 새긴 언약
파도가 쓸면 또 쓰고 또 쓸어가고
밀어는 종착역도 잊은 채 눈보라에 실려 질주했지

눈보라에 만선의 꿈을 실어 보낼 때
부서지는 파도가 우리의 사랑을 시샘하던 시절이 있었어
그랬어, 그랬지

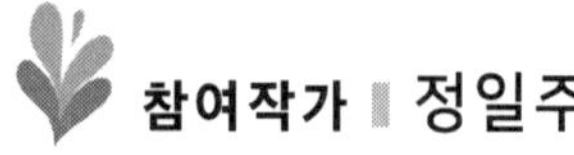

거꾸로 세상 보기

해가 기운다 하늘도 기운다
땅도 기울고 아파트도 흔들린다

기울어져가는 세상
기울지 않으려고 지하철로 향한다

별이 떨어져 촛불로 변한 거리
흔들리는 촛불에 수심(愁心)은 늘고

해가 떨어져 태극기로 변한 거리
휘날리는 태극기에 걱정도 늘어간다

외치는 함성은 미세먼지로 변해도
여의도 궁전에서 들여오는 태평가

지록위마(指鹿爲馬) 달리는 소리
거꾸로 살아야 편한 세상

신문도 기울고 티브이도 기울

최예은
(15기, 2018년 1학기 등록)

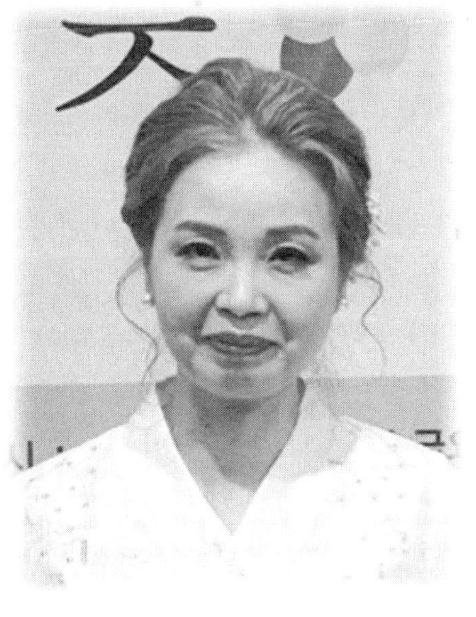

경빈 박씨 사랑의 지향점 외 4편

최예은

사랑의 맹세는 유효기간이 있을까
하얀 눈발이 소복이 쌓이던 그 어느 겨울
당신 따라 하얀 달빛 감옥 속에 나를 가두고
달동네라도 괜찮아 단칸방이라도 괜찮아
사랑의 옛 맹세가 단물 빠진 자리

전생에 나는 조선시대 중종의 후궁 경빈박씨였다
중종의 은총과 사랑을 듬뿍 받았다
그 당시 엄청난 부와 권세를 한 손아귀에 넣고 누렸다

그런 내가 윤회의 데이터 기록이 진화되어
시공간을 초월하여 21세기 현생에 재탄생되었다
지금의 남편을 만나 가정을 이루었다

과거 왕실의 내명부 위엄과 권위를 지키려는 다툼은
거침없던 성정의 미친 존재감을 만들었다
가끔 옛 습이 튀어나와 뭬야?*
옳고 그름으로 기선을 제압할 때 남편과 아들은 못 이기는 척
네네, 중전마마라 부르며 꼬리를 내린다

지금은 천상 여자소리 들으며 다정한 엄마로 살고 있다
과거 왕실보다 현실은 서민에 머무르지만
시대와 세기를 넘나드는 지아비의 사랑과
아들이 있어 세상 부러울 게 없다

하나로 포개진 두 시선과 마음은
흩어진 노을 속에 연리지 사랑이 되었다
내가 이 세상에 온 이유 중에 하나
아름답고 행복한 세월이 반짝이며 자라나고 있었다

* 2001년 SBS 대하사극 <여인천하>에서 경빈을 맡아 열연한 탤런트 도지원의 유행어

참여작가 ▮ 최예은

명리학 탐구

1. 사주팔자

인문학 사주팔자 백과사전을 펼친다
생년월시로 4개의 기둥과 8개의 글자로 구성되어
천간과 지지의 길흉화합을 건사한다
나는 천지인 속성을 스스로 개폐해보았다
경신일주라 내면은 단단하고 강하고 유순하다
오행 중 강한 양의 경금의 기운은 모가 났다 둥그레졌다
발그스레 익어가는 하늘의 천명을 내리받았다
십이지운성 상생상극의 이치에 따라 생로병사는
고상하게 여유를 부리고 싶은 쉰 앞에 인생 한정판은
한계가 드러나 가시덤불 속에 주름졌다
잠시 소풍 왔다 가는 인생길에 아버지가 하늘 마실 떠난 후
인생에 전환점을 맞이하던 그날
앞으로 내 인생 다양한 모습의 키워드는
삶에 의무기간은 40년 이상이고 약정도 필요 없다
행복한 삶은 유연함과 지혜로부터 오는 것이다

2. 전생을 발굴하다

잠이 오지 않은 불면의 밤
이리저리 뒤척이다 전생 사이트로 타임머신을 탔다
무중력의 작은 분자들이 모여 작은 행성에 도착하니
화려한 대문이 나를 처음으로 반겼다

지난세월을역행해표류되어물음표와부호가나열되었다

궁금증을 유도하는 질문에 따라 성실히 응했다
첫 번째 전생은 현실과 이상이 높은 프랑스 화가라 말했다
다음 단계로 넘어갈 때쯤
나는 저승사자로부터 살아온 전생을 지우기 위해
망각수를 무조건 받아먹는다
두 번째 전생에는 가장 친한 친구의 이름을 입력하니
나는 그 사람과 전생에 부부였더라 말했다
셋 번째 전생에는 현실과 가장 가까운 음유시인이었다
수십 년 전의 시간을 윤회하여 새로운 생을 겹겹이 탁본한다
끝없이 반복되며 바라보는 낯 설은 연대에
누군가에서 누군가의 알 수 없는 내 과묵한 과거들
폐허의 시간대에 지쳐 잠이 소르르 든다

고대 학우들의 숨은 이름 찾기

김순진 김순분 김진양 김진희 김태호 김해현
변정우 정양희 정춘식 전하라 최예은 황우정

호	전	춘	순
진	은	고	라
해	김	황	변
우	식	최	정
분	희	하	려
예	태	양	현

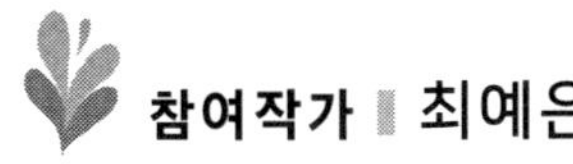

유튜브 채널

공중파 신세대 채널들이 열광한다
전문적인 지식과 삶의 애착 고민들
틀 안에 놓인 예민한 성공시대 현대인들

깨달음과 치유로 삶의 가면 벗어두고
마음을 조이는 코르셋을 입는다
그 강좌 속에 두 귀를 열어두고 심취한다

지혜의 멘토와 지침서는 출하되고
독선들은 삶의 소갈증을 잊게 한다
환상은 다른 채널로 편승하여 시간을 달린다

'구독'과 '좋아요' 숫자가 많아질수록
그들의 꿈속에 햇살이 가득하다
이 몸도 똑똑해지고 야무지게 되고 싶다

따뜻한 눈길로 힘이 되는 활자들이
무지갯빛 하이라이트 댓글을 이루고
현란한 손끝 위에서 펜촉을 밝히네

참여작가 ▌최예은

은둔했던 범인 끝내 발목 잡혀

내 나이 16세 때 신의 예언에 따라 에스트로겐이라는 선물을 받게 되었다 그녀는 붉은 동백꽃을 닮아 있었고 매월 가임 배란기를 마법으로 관장했다 그녀는 나의 희고 고운 옷섶에 동백꽃의 혈흔을 32년간 터트렸다고 인정했다

그로 인해 한 달에 한 번씩 침략군이 쳐들어왔다 붉은 동백의 광란은 서로 엉겨 붙어 핏빛으로 낭자했다 붉은 꽃잎이 차가운 발톱을 세우고 독기를 품던 날의 극심한 고통은 심리적 육체적 불안으로 예민해지고 낮과 밤은 상처를 내며 침몰했다고 밝혔다 그럴 때면 나는 꼼짝 없이 속수무책으로 결박당해야만 했다 생체리듬은 전멸해 무너져 내렸다

"14년 전 태아가 잉태된 궁전에 그녀가 잠시 사라진 열 달" 나는 '세상이 온통 천국 같았다'고 회상에 잠기기도 했다 상습적인 구타와 폭행으로 온 삭신이 쑤시는 몸살, 배란기 기억은 붉은 신열로 붉으락푸르락했다

나는 이 모든 사실을 진술서를 작성해 고소장을 제출

했다

그녀는 상기 기술된 상해죄의 혐의가 모두 인정되어 경찰에 구속되었다

– 여성종합인터넷신문 최예은 기자

김순분

(16기, 2018년 2학기 등록)

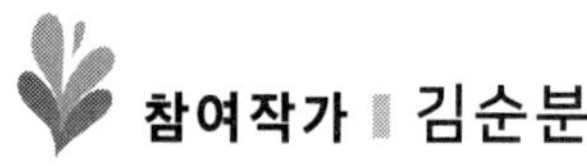

담쟁이의 삶 외 4편

김순분

그는 스파이더맨이다
앙증스런 손바닥을 돌담에 붙이고
피로와 고달픔도 잊은 채 한 발 한 발 별을 보며
직녀가 베를 짜듯 정성으로 기어오른다

따사로운 햇볕에 응원 받고
뙤약볕에 비지땀 거름삼아 쉬지 않는다
한여름 소나기 내릴 때면
가슴팍에 피멍이 든다며 애정의 잔소리를 쏟아낸다

그는 가끔 낮술에 취해 빨간 웃음 보낸다
찬바람 억센 손길 스치면 낙엽 진 빈가지 애지중지 토닥이며
시린 가슴 안고 클래식을 연주한다

그는 봄이 오면 기어이 별을 따고 말거라고
부끄럼 없는 삶이라고
유리벽도 문제없다고
천사의 노래로 목청을 돋운다

노년은 담쟁이 잎처럼 붉게 물들어야 한다고

참여작가 ▌김순분

경복궁을 거닐다

3호선 경복궁역 5번 출구 넓은 마당에 들어서니
외국인 관광객의 한복꽃들이 만개해
유등처럼 흐르고 있다

근정전의 해와 달이 공존하는 일월오악도 병풍은
임금을 수호하는 500년의 위엄이 분명하다
가을하늘에 그 기백이 울려 퍼지는 듯하다

경회루 웅장한 크루즈 선에선 화려한 연회의 장면이
어른거렸다
아름다운 선율과 백조만관들의 웃음소리
시종들의 부산함과 시녀들의 치맛바람 스치는 소리
더불어 백성들의 웅성거림이 물에 어리어
뭇 용들이 은파를 타고 하늘로 오른다

어디서 큰기침 소리가 들린다
인왕산과 안산 그리고 목멱산이 달려와
경복궁을 알현하고 있었다

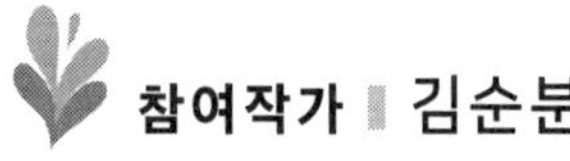

손자 면회 가는 날

10월 23일 이른 아침 아들 내외와 북한강 안개 길을 달린다
10월의 쌀쌀함이 전형적인 가을의 운치를 더해준다
풍경을 만끽하며 훈련장에 도착한다
백두대간의 한 자락 인제골 계곡
푸른 꽃들이 피어나는 12사단 을지부대
20대의 함성이 자연의 소리와 어우러져 하늘에 울려 퍼진다
꾸불거리는 산길을 20킬로그램의 군장을 짊어지고
행군하며 젊음을 발산한다
36일의 훈련 끝에
자랑스런 이등병 계급장이 어깨에 자리매김하는 날이다
손자들의 늠름한 모습에 울컥함이 솟는다
늘 푸른 소나무처럼 나라 지키는 대한의 동량들
언제나 훌륭한 버팀목 되어주길 기도한다

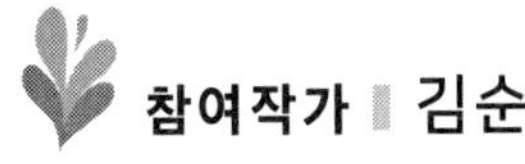

참여작가 ▮ 김순분

산사의 가을

산꼭대기 위로 한 무더기의 별무리가 내려앉는다
풍경을 때리고 지나는 바람소리

산새들 제집 찾기 바쁘고
절밥 익는 냄새에 비구니 손이 분주하다

지붕에 내려앉은 고추잠자리 떼 물러가고
캄캄한 그림자 산사를 삼킨다

앞마당 허리 굽은 은행나무
옷 벗어 시린 가슴에 바람이 인다

댓돌 위 하얀 고무신 속에선 추억이 소곤대고
가지에 걸린 달이 차갑게 일렁인다

장삼자락에 속죄를 담아 강물처럼 흘러 보내는
저녁예불 목탁 소리에 지렁이 울음 뚝

참여작가 ▮ 김순분

도마를 선물받다

지인[5])이 소나무 도마를 선물했다
나는 소나무 한 그루 주방에 심었다
순간 주방은 산사로 변해 앞에 시내가 흘렀다

도마 위에 식칼을 올리니 부끄럽다며 내려앉는다
생선을 올리니 동해로 가고 싶다며 내려앉는다
육고기를 올리니 십장생에 어울리지 않는다며 투덜댄다

가을향기 살포시 내려앉는 한가윗날
달 닮은 송편 빚으며 손가락들이 강강술래를 한다

소나무 위로 달이 뜨고 학이 날았다

5) 고려대 평생교육원 시창작반의 동료 정춘식 님

정춘식

(17기, 2019년 1학기 등록)

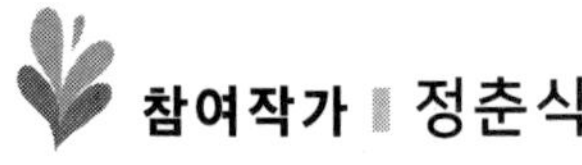

참여작가 ▮ 정춘식

솔방울의 분가 외 4편

정춘식

경복궁 경회루 뒤 켠
망루에서 경비를 보던 방울이가 뛰어내렸다
첫째 둘째 셋째 넷째 다섯째
모두들 한꺼번에 뛰어내렸다
드디어 형제들은 모두
부모를 뒤로 하고 분가를 결심했다

약수터에서 세수를 하고 물을 마셨다
하품이 나고 잠이 온다
춘곤증이 있나 보다
누가 업어 가도 모를 정도로 잘 잔다
식구들은 일어나서 서로 얼굴을
쳐다보며 활짝 웃는다

지금 막내는 904호에서 살고 있다

참여작가 ▮ 정춘식

개암나무의 백일

발걸음을 재촉하며 용마산에 오른다
약수터엔 백일을 맞이한 개암 사촌들
도토리 상수리 삼총사 나와서 반겨준다

연두색 레이스가 달린 모자 눌러 쓰고
양 볼딱지 젖살이 통통하게 올라와서
뽀오얀 분내음이 나는 오동통한 얼굴이다

잘 참지만 한 번만 울음이 터지면
호랑이도 무서워 도망을 친다 하는
전설 속 웃는 모습은 천년의 미소다

수박을 찾아서

열한 살 무렵의
무더운 오후였다

아버지는 밭에 갔다 오시더니
수박이 작은 공만하다고 한다

나는 동생하고 수박밭으로 가서
그 너른 밭을 헤매고 다녀다

온몸은 땀으로 뒤범벅이 되었다
발은 뒤엉켜 고무신은 찢어졌다

꼴지게를 내려놓으며, 냄비만큼 커졌어요
아버지의 말씀에 또 막대기를 들고 갔다

다 자란 수박을 찾느라
얼굴이 홍당무가 되어 돌아왔다

그날 밤에 더위를 먹어 끙끙 앓았다
며칠 있다 아버지가 삼태기에 수박을 따오셨다

그래서 어릴 적에 고생을 해서
지금도 수박을 먹지 않는다

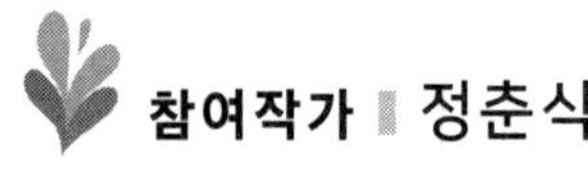

참여작가 ▌정춘식

1일 천하

약속시간에 너무 늦지는 않았겠지 하면서
경복궁 안으로 들었갔다
낮빛과 체온과 감정이 파도친다

얼굴 까만 임금님이 뛰어가신다
그리고 노랑머리 임금님이 뛰어가신다

파란 눈을 가진 백인 임금님이
셀카봉을 들고 포즈를 취하느라
정신이 없다

인종차별이 없는 임금님께서
얼마나 뛰어다니시는지
이마에 땀이 송글송글 맺히네

도대체 어떤 주상을 따라야 할지 모르겠다
하얀 쌀밥 광고하시는
여주의 임금님이 생각났다

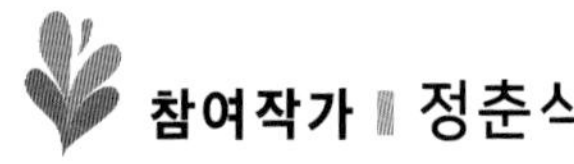

참여작가 ▮ 정춘식

고마운 쥐

우리 집은 닭장 옆에 텃밭이 있다
주렁주렁 달린 가지 고추 토마토
머리가 무거워 고개를 숙이고 있다

춘식이 순자 명순이
우리는 가지를 따먹기로 했다
세 명의 아이들은 텃밭에 누워서
가지를 따먹었다

가지를 다 먹지 않고 반씩만 먹었다
밭에서 일하다 돌아오신 아버지 말씀
어, 우리 집 가지를 쥐가 갉아 먹었네

우리는 죄를 뒤집어써준 쥐가 고마웠다
지금도 가지만 보면 어릴 적 생각이 난다

황우정

(18기, 2019년 2학기 등록)

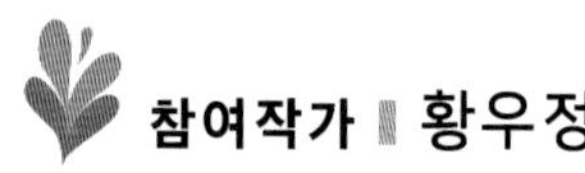

물푸레나무 찻잔[6] 외 4편

황우정

식탁 위에 도도한 모습으로 앉아
온종일 나를 지켜보는 너
적갈색의 아름다운 몸매
넓은 마음씨
뜨거우면 뜨거운 대로
차가우면 차가운 대로
있는 그대로를 받아줄 줄 안다

너를 사랑하고 아끼는 마음에
좋아하는 것을 할 기회조차 주지 않고
장식으로만 편하게 살게 한 것이
잘못된 사랑임을 이제야 깨닫는다

오늘밤
오랫동안 숙성한 모과 청을 내어
그동안의 원망을 풀어내자
화해의 입맞춤을 하자
내 사랑아

6) 물푸레나무 찻잔 : 무형문화재 제13호 옻칠 장인이 만든 찻잔

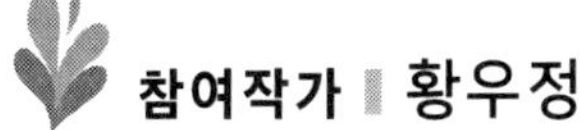

나무 도마

1.
한 마리 물고기를 만났다
물을 바르자
뛰어오르는 물고기
사방으로 물방울이 튄다

다시 보니
퀭한 눈을 가진 물고기
가족을 잃은 슬픈 눈이다
안아줘야 할 것 같다

2.
이건 우크렐라
언젠가 꼭 배우고 싶은 악기
기타보다는 조금 쉽다 했는데
11월의 어느 멋진 날을 연주해야지

빈대떡을 올려
아니면 올리브와 치즈를 올릴까
무엇을 올리든 푸짐한 한상 차림이다
손때 가득 오래 오래 함께할 나의 친구여

참여작가 ▮ 황우정

달나라 옥토끼

달나라 여행은 재미와 감동이 있는 대박관광에서 함께 하세요
우주여행 광고를 보던 나는
달나라에서 아직도 떡방아를 찧고 있을 옥토끼를 기억해냈다
성난 파도가 철석 내 마음을 때릴 때마다
밤하늘의 그를 찾아 대화하곤 했다
공부하기가 힘들어
내 맘대로 살고 싶어
왜 친구가 많지 않을까
어떤 말을 해도 말없이 떡방아만 찧는다

나는 스스로 꽃 필 수 있음을 알게 된 어느 날부터
더 이상 그를 찾지 않는다

영원한 삶, 종달새처럼 노래하는 아이들의 희망과 꿈
너는 지금 행복하니?
너처럼 시지포스나 도민준처럼 사람은 영생할 수 없지만
다시 태어나

지금껏 살아보지 못한 또 다른 삶을 살게 될 거야
그러니 지금 이대로가 좋지 않겠나
옥토끼야 기다려
나도야 간다 달나라로 여행을

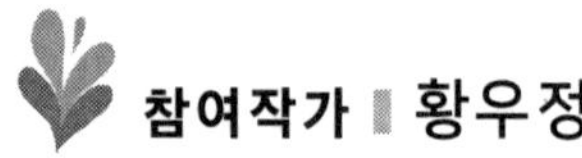

모과

모과 같은 사람을 만나고 싶다
투박한 질그릇처럼 옆에 두고 살고 싶다
못생겼다 손가락질하는 개구쟁이들을 쫓아내며
옆에 서서 지켜주고 싶은 사람
겉보다 속이 더 진한
그런 향내 나는 사람을 만나고 싶다

삶이 지치고 외로울 때
온기 가득한 차 한 잔을 나눠 마시며
있는 그대로의 은은한 향기가 풍기는
아름다운 사람과 이웃하며 살고 싶다

– 김순진 시인의 「깻잎반찬」을 패러디하다

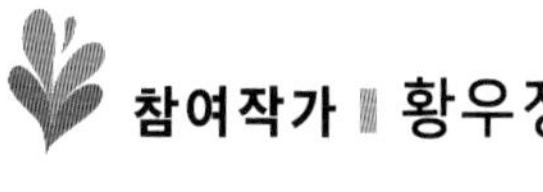

참여작가 ‖ 황우정

인생, 뭐 있어

가만히 두 눈을 감으면 금방 고요해지는 세상
아무것도 생각하지 않으려 한다
마음의 평화는 잠시
다시 두려움이 고개를 다
괜찮아, 그럴 수 있어

깊이 들이킨 숨을 참으면 진지해지는 세상
온전히 나에게 집중해본다
아! 못 참겠다
큰 숨이 소리치며 뛰쳐나온다
괜찮아, 다 잘 될 거야

인생, 뭐 있어
희망으로 사는 거지

이 도서의 국립중앙도서관 출판예정도서목록(CIP)은 서지정보유통지원시스템 홈페이지(http://seoji.nl.go.kr)와 국가자료공동목록시스템(http://www.nl.go.kr/kolisnet)에서 이용하실 수 있습니다.

(CIP제어번호 : CIP2020006543)

고려대학교 평생교육원 시창작과정
2019년 2학기 앤솔로지 14집

물푸레나무 찻잔

초판인쇄일 2020년 02월 14일
초판발행일 2020년 02월 19일

지은이 : 전하라 외
발행인 : 김순진
편집장 : 전하라
디자인 : 김초롱
펴낸곳 : 문학공원
등 록 : 2004년 3월 9일 제6-706호
주 소 : 우편번호 03382 서울 은평구 통일로 633
녹번오피스텔 501호 스토리문학사
전 화 : 02-2234-1666
팩 스 : 02-2236-1666
홈페이지 : http://cafe.daum.net/yob51
이메일 : 4615562@hanmail.net